Entendiendo el Plan de Negocios®

Entendiendo el Plan de Negocios®

Una herramienta para alcanzar nuestros objetivos de una manera más eficiente, mediante una adecuada planeación de la operación de cada una de las áreas de la empresa de una manera integral.

Sergio Viniegra Rocío

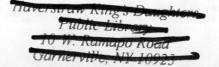

ENTENDIENDO EL PLAN DE NEGOCIOS®

Copyright © Derechos Reservados 2007
Por Sergio Viniegra
ISBN 978-1-4303-0684-9

Contactar: sviniegra@bvconsulting.com.mx

A Víctor por darme la oportunidad de adquirir los conocimientos necesarios para elaborar este libro.

A mis clientes por confiar en mí y permitirme aprender cada día algo nuevo.

Índice

Introducción

Generalmente, el término Plan de Negocios lo asociamos con el documento necesario que tenemos que elaborar para acceder al financiamiento requerido y poder así poner en marcha nuestra propuesta de negocio, sin dedicarle el tiempo a entender el por qué es tan necesario o simplemente, por qué lo solicitan.

Cuando se nos presenta la idea de comenzar un nuevo negocio y acudimos a una fuente de información (revista, libro, Internet, etc.) para conocer qué procedimiento debemos seguir, nos encontramos que la mayoría de éstas sugieren elaborar un Plan de Negocios antes que cualquier otra cosa y más aún si es que no contamos con el capital necesario para arrancarlo y estamos pensando en invitar a un socio capitalista o acudir con alguna institución de financiamiento.

Hoy en día son más las personas que cuando nos acercamos a ellas para invitarles a participar en nuestra propuesta de negocio, una de las primeras cosas que nos preguntan es si contamos con un Plan de Negocios; mismo es el caso cuando buscamos financiar nuestra propuesta a través de una entidad de financiamiento (llámese banco, gobierno o cualquier otra).

El Plan de Negocios es un requisito muy importante para los inversionistas o entidades de financiamiento antes de decidir si aportarán o no los recursos que solicitamos; pero por qué sucede lo anterior, qué es lo que ven en este documento para tomarlo como un requisito indispensable para prestarnos el dinero solicitado o invertir en nuestra propuesta de negocio. Incluso, ¿realmente vale la pena elaborar un Plan de Negocios para poner en marcha nuestra propuesta aún si contamos con el capital necesario para ésto; es decir si no necesitamos financiamiento y/o si conocemos bien el negocio en el cual deseamos participar?

Por otro lado, cada día son más empresas ya establecidas y de todo tamaño que desarrollan su Plan de Negocios de forma periódica y no precisamente para buscar capital o recursos, entonces ¿por qué lo hacen? Este libro pretende ayudar a entender qué es un Plan de Negocios y por qué es tan importante dentro del entorno actual de negocios, no sólo desde el punto de vista de un nuevo negocio por desarrollar y poner en marcha, sino como herramienta para alcanzar nuestros objetivos, asegurando el uso más eficiente de los recursos de la empresa o negocio mediante una adecuada planeación de la operación de cada una de sus áreas de una manera integral.

No busco que este libro sea una guía para elaborar un Plan de Negocios, hoy en día existen incluso softwares que nos guían en este proceso, sin mencionar libros, revistas, artículos y demás literatura disponible en toda cantidad de idiomas y formatos. Lo que pretendo es que el lector entienda y comprenda su contenido, su estructura y dimensione su importancia dentro del proceso de planeación y más aún, en el proceso de la propia implementación.

No obstante, he decidido incluir dos capítulos con una pequeña guía en cuanto a la estructura que a mi particular punto de vista (en función a mi experiencia) debe seguir un Plan de Negocios al momento de ser elaborado; esta breve guía ayudará al lector a comprender mejor lo que busco transmitir en el resto de los capítulos.

Este libro conjunta mi propia participación en la creación de una gran variedad de negocios (desde la edad de 17 años hasta la fecha) con la oportunidad que me han dado mis clientes a través del tiempo en ayudarles a crear y desarrollar nuevos negocios y eficientar los ya existentes.

Se trata de una propuesta que busca funcionar como una herramienta para todo aquel que participa directa o indirectamente en el mundo de los negocios, o lo quiera hacer; así como aquel que deseé involucrase un poco más en todo aquello relacionado con el Plan de Negocios, lo cual abarca desde el estudiante hasta el empresario, inversionista y/o gerente de una empresa.

-Sergio Viniegra

¿Qué es el Plan de Negocios?

Planear

Planear es una forma de anticipar el futuro, al realizar esta acción un empresario, empleado o emprendedor anticipa el entorno al cual se enfrentará su empresa y/o negocio y qué decisiones requiere tomar hoy para determinar la mejor forma de alcanzar sus objetivos, nos permite reducir lo más posible la incertidumbre y los riesgos asociados con el propio entorno del negocio o empresa en el cual se participa o desea participar.

Planear es un proceso que consiste en fijar objetivos y establecer el camino para alcanzarlos.

El Plan de Negocios

Considerando lo anterior y el punto de vista de una empresa o negocio, esta planeación se ve plasmada en lo que se conoce como un Plan de Negocios, el cual no es otra cosa que la planeación de una empresa o negocio en su conjunto, considerando cada una de sus partes o áreas esenciales (administración, finanzas mercadotecnia, operaciones, etc.) y la interacción de cada una de éstas con las demás.

El Plan de Negocios nos ayuda a visualizar hoy cómo deben operar las distintas áreas del negocio o empresa para que de manera conjunta y sinérgica permitan alcanzar los objetivos deseados de la manera más eficiente posible; esto es, producir el máximo de resultados con el mínimo de recursos.

Se trata de un documento que como un tablero de ajedrez, nos permite visualizar de una manera más práctica nuestro proceso de planeación:

"Cómo tenemos que mover cada una de nuestras áreas (piezas) para alcanzar los objetivos de la empresa en el corto, mediano y largo plazo y el efecto que cada uno de estos movimientos tiene en el resto de las áreas (piezas) y por ende, en alcanzar nuestros objetivos (jaque mate)".

Hagamos de cuenta que el tablero es nuestro mercado, las piezas blancas son las distintas áreas de nuestra empresa y todo aquello que afecta nuestro desenvolvimiento en el mercado (competidores, proveedores, gobierno, etc.) lo constituyen las piezas negras; nuestro objetivo final es vencer todos los obstáculos (piezas negras) para ganar mayor posicionamiento en el mercado (tablero) en el cual estamos compitiendo y alcanzar nuestra meta final. Movemos nuestras piezas de manera estratégica buscando entre otras cosas confundir a nuestro enemigo, facilitando a su vez el camino a otras piezas más importantes que nos permitirán derrotarlo de la forma más rápida y con la menor perdida de piezas posibles (eficientemente).

El Plan de Negocios nos ayuda a visualizar nuestro entorno de esta manera, es como si estuviéramos viendo nuestra empresa y/o negocio desde arriba, observando con mayor claridad nuestro mercado y todos aquellos aspectos (internos y externos) que tienen ingerencia sobre nuestro desenvolvimiento en él. El Plan de Negocios nos obliga a entender el entorno en el cual estamos participando, fijar nuestras metas de una manera clara y precisa y cómo tiene que desempeñarse cada una de las áreas de la empresa para alcanzar estas metas u objetivos trazados.

El proceso de planear es indispensable para cualquier empresa, hoy en día generalmente se pide a cada una de la áreas que desarrolle su propia planeación de manera individual y contar así, con una estrategia para cumplir sus objetivos; pero, ¿realmente conocen el por qué de estos objetivos, conocen la interrelación de sus objetivos con los objetivos individuales de las demás áreas de la empresa, así como el efecto que tienen de manera conjunta (sinérgica) con los propios objetivos de la empresa?

El Plan de Negocios busca documentar y comunicar la implementación de estas estrategias y la forma en que deben de desarrollarse de manera integral a fin de poder alcanzar los objetivos finales esperados por la empresa. Es un documento descriptivo, le debe permitir entender a cualquier área dentro de la empresa lo que tiene que hacer tanto ésta como el resto de las áreas de forma individual y colectiva para alcanzar sus objetivos; esto es, el área de producción por ejemplo y una vez leído el Plan de Mercadotecnia, debe estar en posibilidades de entender cual es el mercado meta de la empresa y por qué, contra quién se compite, cómo debemos comunicarnos con el cliente, etc., lo que al final les lleva a entender además el por qué tiene que producir un determinado número de piezas en un tiempo establecido, por ejemplo.

Lo anterior sucede de manera similar cuando estamos por comenzar un nuevo negocio y/o empresa, solo que a diferencia de una empresa ya operando, éste comienza con el propio establecimiento de las áreas que van a ser parte fundamental de la empresa y de ahí se orienta hacia el camino que tiene que seguir cada una de éstas.

Debemos comenzar en primera instancia por definir cuáles son las áreas en las que se debe dividir la empresa y/o negocio, y de ahí partir a establecer el camino que tiene que tomar cada una de éstas y las funciones que deben desempeñar para alcanzar sus objetivos de una manera eficiente en el corto, mediano y largo plazo. Nuestro Plan de Negocios nos preemitirá comunicar lo anterior a cualquier persona, tanto interna como externamente, desde el posible socio capitalista hasta el gerente de operaciones o demás personal que tenemos planeado contratar.

Importancia del Plan de Negocios

Hoy en día es muy común que cuando oímos hablar de un proyecto de inversión, se haga presente la palabra "Plan de Negocios". Cuando investigamos qué se requiere para poner en marcha un negocio y/o empresa, uno de los puntos importantes es el Plan de Negocios y más aún cuando nos acercamos a una persona o institución para obtener financiamiento (préstamo, capital, etc.) necesario para poner en marcha nuestra propuesta de negocio, lo primero que nos solicitan es: "¿Tienes tu Plan de Negocios?".

¿Por qué sucede esto, por qué es tan importante un plan de negocios para arrancar nuestro propio negocio, qué es lo que hace de este documento tan importante en esta materia?

Unos años atrás (no muchos en el caso de ciertos países Latinoamericanos como México), cuando queríamos arrancar un negocio simplemente nos limitábamos a elaborar unos estados financieros proyectados y nada más, afortunadamente eso ha cambiado. A raíz del auge por las empresas en Internet, fue que se comenzó a generalizar a nivel global la cultura de la elaboración del Plan de Negocios y así poder tener acceso a financiamientos para este tipo de negocios (un requisito indispensable era contar con un Plan de Negocios).

En los países industrializados es una tendencia que tiene aplicándose en forma más de 25 años, al grado que incluso se ha extendido a empresas en funcionamiento como parte fundamental de su planeación estratégica. La importancia del Plan de Negocios radica en su magnitud y alcances, su estructura permite cubrir prácticamente todas las áreas del negocio o empresa, facilitando y eficientando con esto el proceso de planeación.

El hecho de contar con un Plan de Negocios, asegura a un inversionista o institución crediticia que analizamos nuestra propuesta a detalle, por lo tanto tiene grandes posibilidades de éxito ya que para su desarrollo tuvimos que analizar que realmente el producto y/o servicio que estamos proponiendo tiene un mercado dispuesto a adquirirlo, que es rentable su comercialización y que vamos a operar y administrar la empresa o negocio de una forma tal, que aseguramos su éxito a través del tiempo, lógico que todo lo anterior respaldado con información y en detalle.

Lo anterior es un signo de confianza para un inversionista en cuanto a que su inversión está bien canalizada y se reduce al mínimo el riesgo asociado con el fracaso y por ende, la pérdida de su dinero. Desde el punto de vista de una institución financiera, el que contemos con un Plan de Negocios reduce el riesgo de que no podamos cumplir nuestro compromiso y se convierta en un mal negocio para ellos. En ambos casos el Plan de Negocios demuestra con hechos y análisis que lo que estamos proponiendo y la forma en la que lo vamos a llevar a cabo tiene grandes posibilidades de éxito.

Ya analizamos la importancia para un inversionista o una institución financiera, pero que hay si nosotros no necesitamos de ninguno, si contamos con el capital suficiente para desarrollar un negocio, ¿necesitamos un Plan de Negocios?

Como se comentó anteriormente, el Plan de Negocios ofrece confianza y certidumbre sobre nuestra propuesta a un inversionista o institución financiera, ¿nosotros no quisiéramos lo mismo, no quisiéramos tener la certidumbre que el dinero que vamos a invertir para poner en marcha nuestra propuesta va estar bien invertido en cuanto a que no sólo se tenga bien estudiado el mercado, sino que su operación y administración diaria nos asegura su rentabilidad por muchos años?

Nadie está peleado con su dinero y mucho más si éste proviene de un esfuerzo de años de trabajo, por lo tanto debemos buscar un mecanismo que nos ofrezca un mayor conocimiento sobre el negocio que planeamos poner en marcha y ese mecanismo se llama Plan de Negocios.

Un Plan de Negocios es al inversionista o al empresario como la maqueta para un arquitecto, nos ofrece la posibilidad de visualizar con mayor claridad nuestra propuesta o negocio y desde una perspectiva tal, que nos facilita una mejor y adecuada toma de decisiones.

El hecho de contar con un Plan de Negocios no asegura el éxito de una empresa o negocio, ni tampoco el no contar con uno nos condena al fracaso, simplemente nos hace el camino más fácil y más certero, ya que nos ayuda a anticipar todos los aspectos claves que vamos a encontrar en el camino pudiendo desarrollar una estrategia anticipada de cómo enfrentarlos y superarlos para alcanzar de manera más eficiente nuestros objetivos.

"Planear es una forma de anticipar el futuro".

Estructura del Plan de Negocios

L as áreas esenciales de un Plan de Negocios son aquellas que determinan en gran medida su contenido y generalmente son las de mayor importancia en cualquier negocio y/o empresa, independientemente de su naturaleza o giro:

- Administración
- Ventas
- Mercadotecnia
- Operaciones
- Finanzas
- Legal

Seamos constructores, abogados, doctores, comerciantes, etc., vivimos dentro de un entorno económico de mercado en el cual requerimos desarrollar un producto y/o servicio, promoverlo, venderlo y administrar e invertir los recursos generados o involucrados con el mismo, buscando como fin último, la generación de mayores utilidades.

El Plan de Negocios retoma lo anterior y agrega a las áreas anteriormente señaladas dos puntos adicionales: el primero está relacionado con la propia descripción del producto y/o servicio y todo lo que gira en torno a éste desde el punto de vista conceptual. El segundo punto tiene que ver con la propia empresa y su entorno, su industria y parte de su planeación estratégica.

Con forme a lo anteriormente señalado, el Plan de Negocios está estructurado en una serie de planes individuales que hacen referencia a todos estos aspectos:

- Descripción General de la Empresa
- Plan del producto y/o servicio
- Plan de Mercadotecnia y ventas
- Plan Administrativo
- Plan Operativo
- Plan Financiero
- Plan Legal

Las anteriores considero forman la estructura básica de una empresa y por ende gran parte de la estructura de un Plan de Negocios; no obstante, existe un capítulo que es la última etapa dentro de un Plan de Negocios, el cual se denomina Sumario Ejecutivo y será explicado a detalle más adelante.

Descripción General de la Empresa (Capítulo 2)

Este capitulo tiene como objetivo principal el ofrecer una semblanza general de nuestra empresa, cómo está conformada en lo que refiere a accionistas, su historia, cuáles son sus objetivos, qué es lo que la distingue y dentro de qué industria está o va a participar; en fin, información relevante que nos permita conocer a la empresa con un poco más de detalle.

Todo Plan de Negocios debe incluir aspectos relevantes que identifiquen a la empresa y/o persona que lo está presentando y que permitan al lector entender de una manera general su entorno, filosofía y expectativas. El hacer una descripción general de nuestra empresa, nos permite entre otras cosas identificar de una forma clara y concisa aspectos tan importantes como nuestros objetivos, logros y factores distintivos, muchas veces pasados por alto y que juegan un papel muy importante al momento de establecer el camino a seguir para cumplir nuestros objetivos, de aquí su importancia.

Plan de Servicios y/o Productos (Capítulo 3)

Sin un producto y/o servicio que vender realmente no existe empresa o negocio. Dentro de un Plan de Negocios existe un apartado denominado "Plan de Productos y/o Servicios" el cual busca plantear todos los aspectos relevantes relacionados al producto y/o servicio de que se trate:

- qué productos y/o servicios van a ser ofrecidos,
- cómo son, cuál es su estado actual y qué características distintivas posee,
- qué productos y/o servicios adicionales están contemplados,
- qué factores implica el desarrollar o poner en el mercado nuestro producto y/o servicio,
- cómo han sido probados o evaluados y qué es lo que los hace superiores a los demás, entre otros.

Lo más importante dentro de un Plan de Negocio es definir en forma clara cuál o cuáles serán los productos y/o servicios que vamos a ofrecer en el mercado, ya que estos son la parte esencial por la cual estamos elaborando nuestro Plan de Negocios.

Plan de Mercadotecnia (Capítulo 4)

Tenemos el producto y/o servicio, lo siguiente es planear cómo vamos a hacer para llevarlo al mercado, que la gente lo conozca y más importante aún, lo compre. Esto es fundamental, ya que independientemente que tengamos el mejor producto del mundo, si no establecemos una adecuada estrategia para comercializarlo, éste se irá directamente al baúl de los recuerdos. Aquí es donde interviene el capítulo llamado "Plan de Mercadotecnia", el cual busca establecer las acciones adecuadas para resolver las interrogantes antes señaladas.

Los negocios y/o empresas cuya mercadotecnia es exitosa, comienzan invariablemente con un Plan de Mercadotecnia, un plan de acción basado en la identificación de información clave sobre nuestro mercado relacionada con su estructura, nuestras debilidades y oportunidades, así como nuestros objetivos y estrategias, entre otros.

El Plan de Mercadotecnia es el medio que nos va permitir analizar nuestro mercado y las estrategias para llegar a él de una manera más eficiente, el punto más importante una vez que contamos con el producto y/o servicio.

Plan Administrativo (Capítulo 5)

Tenemos el producto, lo estamos vendiendo, lo siguiente es cómo administrar o cuidar los recursos generados por las ventas y todo lo demás asociado con la operación del negocio y/o empresa.

El Plan Administrativo nos señala entre otras cosas cuál será el sistema administrativo a emplear, quiénes estarán a cargo de la administración de la empresa o negocio, cuáles serán las políticas administrativas, cómo serán administrados los recursos de la empresa (humanos, financieros, materiales, etc.), entre otros.

Un adecuado Plan Administrativo nos permite garantizar la correcta administración de nuestros recursos tanto humanos como materiales y por ende, una mayor eficiencia de la empresa que a su vez se traduce en una mayor rentabilidad y vida en el mercado.

Plan Operativo (Capítulo 6)

Identificar lo que debemos hacer para que la empresa funcione de la manera más eficiente posible desde el punto de vista operativo, cuidando al máximo nuestros recursos (humanos, tecnológicos, equipo, etc.) es un aspecto indispensable en toda empresa o negocio. Este es el sentido del Plan Operativo, resolver cómo tiene que operar la empresa desde que desarrolla el producto y/o servicio hasta que lo entrega al cliente, pasando por todo el proceso productivo.

El Plan Operativo debe cubrir como su nombre lo dice "la operación" diaria de nuestro negocio, está asociado directamente a la naturaleza de nuestro producto y/o servicio la cual va a definir en gran medida su estructura. Su objetivo es diseñar las estrategias necesarias para que la empresa alcance la mayor eficiencia operativa posible y el mejor uso de los recursos disponibles.

Plan Financiero (Capitulo 7)

El sentido de cualquier negocio es incrementar nuestro bienestar económico a través de la generación de utilidades producto de su propia operación pero:

- cómo saber si las utilidades que genera o generará el negocio son las que cumplen nuestros objetivos
- cómo determinar si lo que estamos gastando o vendiendo se ajusta a los requerimientos del propio negocio
- cuánto es realmente lo que necesitamos invertir para poner en marcha el negocio o empresa, entre muchos otros aspectos.

La única forma de conocer lo anterior es a través del Plan Financiero el cual nos ayudará a conocer además de un desglose detallado de la inversión, cuáles serán nuestros estados financieros (estado de resultados, balance, flujo de efectivo, entre otros) en el tiempo y sobre todo, la rentabilidad del negocio. Debemos encontrar la forma de evaluar si nuestras propuestas administrativas, de mercadotecnia u operativas que pretendemos plantear dentro de nuestro Plan de Negocios son objetivas y de acuerdo a una realidad expresada en dinero (si son viables desde el punto de vista financiero y por ende factibles).

El Plan Financiero es el apartado que principalmente nos va a marcar si nuestra propuesta es factible y más aún su tiempo de vida a través del tiempo.

Plan Legal (Capítulo 8)

Un aspecto necesario que no podemos menospreciar es conocer cuáles son los aspectos legales más importantes relacionados con el negocio o empresa, desde su estructura legal hasta aspectos relacionados con patentes y derechos de los servicios (todo esto incluido dentro del Plan Legal).

En esta época no contar con un Plan Legal nos puede causar varios dolores de cabeza, necesitamos planear entre otras cosas:

- cuál es la mejor forma para constituir nuestra empresa y/o negocio,
- qué responsabilidades legales incluyen ciertos puestos claves dentro de la misma,
- quién nos va a representar legalmente ante el exterior y por qué,
- quién o quienes no asesoraran en esta materia, entre otros.

Debemos identificar puntos legales clave y estar preparados para que no nos tomen de sorpresa y nos cuesten mucho dinero.

Generalmente nos enfocamos a la operación, administración y mercadotecnia de nuestro negocio o empresa y subestimamos la cuestión legal de la misma hasta que nos vemos en problemas, por lo cual sugiero detenernos un poco a planear y estructurar esta parte a fin de estar preparados en el futuro y no nos sorprendan.

Sumario Ejecutivo (Capítulo 1)

Como cualquier otro documento extenso, se requiere de un apartado que resuma en unas cuantas hojas lo que en él se expresa y que permita entender de una manera general lo que estamos proponiendo o planteando. El Plan de Negocios debe ser considerado como un documento interno, ya que éste engloba de una manera estratégica cada una de las partes fundamentales de nuestra propuesta y el hecho de compartirlo con otras personas en una forma no controlada corremos el riesgo de que nuestro trabajo sea en cierta forma plagiado, de ahí la importancia del Sumario Ejecutivo. Es muy común utilizar el sumario ejecutivo cuando por ejemplo solicitamos capital o financiamiento a un agente externo y no queremos (por seguridad) entregar nuestro Plan de Negocios, generalmente éste se entrega junto con nuestro Plan Financiero y de existir interés real por parte de la persona o institución a la cual se hizo entrega, procedemos a mostrarle nuestro Plan de Negocios.

El Sumario Ejecutivo al ofrecer un marco general de nuestro Plan de Negocios facilita al lector la comprensión con forme va avanzando en cada uno de los capítulos sin tener que esperar a terminar de leer todo el documento para poder comprenderlo.

Lo señalado a lo largo de este capitulo presenta el contenido básico que debe incluir un Plan de Negocios; no obstante éste puede variar o ser adicionado dependiendo de la propia naturaleza del negocio que se esté planteando como lo sería el caso de un apartado o capitulo destinado exclusivamente a presentar el proyecto arquitectónico o técnico de un negocio, por ejemplo. Como señalé, lo anterior depende de cada propuesta o proyecto en lo particular.

Elaboración del Plan de Negocios

Como fue señalado al principio de este libro, el objetivo de éste no es funcionar como una guía para su elaboración; no obstante lo anterior, considero importante presentar una breve guía de cómo tiene que ser elaborado, el enfoque que debe tener, así como algunos puntos racionados con este proceso a fin de que el lector le sea más clara su comprensión (independientemente de lo anteriormente expresado, sugiero que si se desea elaborar un Plan de Negocios, acudir a las distintas fuentes especializadas y diseñadas para este fin).

Es por lo anterior que dedico dos capítulos de este libro (este y el siguiente) a la forma en que considero más conveniente que tiene que ser elaborado el Plan de Negocios.

¿Cómo tiene que ser elaborado el Plan de Negocios?

Tenemos que tener presente que el objetivo principal de un Plan de Negocios es funcionar como una guía, por lo cual un punto fundamental es que éste sea claro y conciso, tanto en el lenguaje empleado como en su contenido. No se trata de llenar páginas y páginas, un buen Plan de Negocios no se determina por su tamaño sino por su contenido y que éste permita al lector entender nuestra propuesta y no aburrirlo con el documento. Un recurso de suma importancia hoy en día es el tiempo, de nosotros depende que logremos que el lector considere importante destinarle parte de su tiempo a nuestro Plan de Negocios.

Contrario a lo que se pudiera pensar, hoy en día los mejores Planes de Negocio no son aquellos que incluyen cientos de páginas explicando nuestro modelo de negocio, sino aquellos que prueban que se cuenta con clientes potenciales. Tal y como lo señala Philipp Harper en su artículo "Today's business plan: Prove you have Customers", un Plan de Negocios que prueba a través de una investigación de mercados o cartas de intención de compra que tenemos clientes potenciales ahí afuera dispuestos a adquirir nuestro producto y/o servicio es aquel que seguramente tendrá mayores posibilidades de éxito, tanto desde el punto de vista de la obtención de capital como al establecer la ruta de nuestro propio negocio. No debemos olvidar que vivimos una economía de mercado y que podremos tener en nuestras manos el mejor producto o servicio, pero si no contamos con un plan muy bien sustentado de cómo lo vamos a vender, lo demás sale sobrando.

Este criterio toma mayor fuerza en el caso de la búsqueda de capital, ya que hoy en día la lucha por obtener recursos, ya sean para financiar un nuevo negocio o una expansión, es cada vez más competida por lo que aquellos planes de negocios cargados en información pero carentes de un plan que ofrezca certidumbre sobe la generación de recursos por ventas, está condenado al archivo muerto de quien cuenta con los recursos y más tarde en el nuestro, si es que no corregimos el enfoque a tiempo.

De igual manera cuando desarrollamos el Plan de Negocios por cuestiones de planeación estratégica; es decir, como guía para trazar el camino que nuestra empresa o negocio deberá seguir en el corto y mediano plazo (más que como la forma de obtener recursos), debemos probar que contamos con clientes; ya que esta estrategia nos ayudará a redoblar esfuerzos en todo lo relacionado a mercadotecnia y ventas y estar seguros de que lo que nosotros estamos planteando tiene grandes posibilidades de funcionar basados en información y estudios previamente realizados.

Recomiendo que el Plan de Negocios en primera instancia se redacte tal y como si se lo estuviéramos platicando a nuestro mejor amigo, con un lenguaje muy práctico. En mi experiencia como alumno y más tarde como profesor he llegado a la conclusión que la mejor forma de explicar un concepto por muy complicado que éste sea es ejemplificándolo con peras y manzanas (de la forma más simple posible).

Enfoque de Mercado

Cualquiera que fuese la finalidad de nuestro Plan de Negocios, éste debe tener un enfoque de mercado más que cualquier cosa, debemos asegurarnos de plasmar el potencial en ventas que nuestro producto o servicio tendrá una vez que se encuentre disponible para el consumidor final.

Lo anterior no quiere decir que olvidemos las demás partes del Plan de Negocios, o que no le demos la importancia que se requiere, si no fueran de igual importancia, cuál sería el sentido de plasmarlas:

- de qué nos serviría contar con un Plan de Mercadotecnia para un producto, si no hemos definido como lo vamos a producir y cómo tiene que operar la empresa o negocio para su elaboración de una manera eficiente que garantice su rentabilidad

- cómo medimos si nuestro plan de ventas es rentable si no contamos con un Plan Financiero que nos muestre en números que lo que estamos planteando es un buen negocio,

- quién y bajo qué lineamientos va a administrar el negocio o empresa, por mencionar algunos puntos.

Es el Plan de Negocios en su conjunto el que nos ayudará a responder lo anterior y por eso son cada una de las áreas que éste incluye de gran importancia. Debemos desarrollarlas de tal forma que al momento de leerlas por separado se denote una sinergia con las demás, tal y como debe suceder en una empresa o negocio real. Esta sinergia nos debe llevar a nuestra meta final, vender nuestro producto y/o servicio en el mercado, de ahí el enfoque de mercado que debe tener nuestro Plan de Negocios.

Es muy importante tener siempre en la mente cuando se elabora un Plan de Negocios que nuestro objetivo es comenzar un negocio, empresa o proyecto por medio de la venta de uno o varios productos y/o servicios nuevos o diferentes en el mercado, independientemente si lo anterior se realiza a través de un socio capitalista, una entidad crediticia o con recursos propios. Los esfuerzos de nuestra empresa deben estar encaminados hacia ese objetivo, lo que deberá a su vez estar plasmado dentro del Plan de Negocios.

Los pasos a seguir

Tenemos una idea de cómo debe estar planteado el Plan de Negocios, sabemos cuál es su estructura, pero por dónde comenzamos para elaborarlo.

Muy importante para no trabajar demás es establecer un plan de trabajo tendiente a determinar cómo debemos definir el proceso para la elaboración de nuestro Plan de Negocios, con qué áreas debemos comenzar y con qué otras terminar, a qué es lo que debemos darle prioridad, entre otros.

Antes que nada, no olvides la coherencia...

La coherencia como en nuestra vida, es fundamental dentro de un Plan de Negocios, lo que expresamos en nuestro plan de ventas y mercadotecnia está de una u otra forma relacionado con el plan administrativo, de finanzas, operaciones y productos, es por lo anterior que debemos tener mucho cuidado al momento de redactar nuestro Plan de Negocios, ya que si por ejemplo mencionamos en nuestro plan de productos que vamos a producir 10 artículos, esta misma cifra deberá estar contemplada en nuestro plan de ventas y mercadotecnia, así como en nuestro plan financiero, por mencionar algunos. Debemos cuidar muy bien estos detalles ya que si éstos no concuerdan pueden generar desconfianza en el lector y por ende disminuir nuestras posibilidades de obtener lo que estamos buscando o solicitando.

Los pasos a seguir...

Como fue señalado con anterioridad los pasos que estoy proponiendo representan conforme a mi experiencia, la mejor forma de desarrollar un Plan de Negocios; no obstante, lo que importa es el resultado final y por ende el contenido de dicho Plan. El proceso propuesto a continuación representa una forma probada de eficientar el uso del tiempo al momento de desarrollar un Plan de Negocios, con esto no se quiere decir que uno sea más importante que el otro, simplemente es un esquema que ha probado resultados y está basado en los siguientes pasos:

- Paso no. 1: Plan de Producto
- Paso no. 2: Plan Financiero
- Paso no. 3: Plan de Mercadotecnia

- Paso no. 4: Plan Operativo
- Paso no. 5: Plan Administrativo
- Paso no. 6: Plan Legal
- Paso no. 7: Descripción de la Empresa
- Paso no. 8: Sumario Ejecutivo

Paso no.1: Plan de Producto

Debemos comenzar por desarrollar el Plan de Producto y/o Servicio, por lo menos todos aquellos aspectos principales relacionados con éste, ya que ésto nos ofrece las bases sobre las cuales girará todo nuestro Plan de Negocios debido principalmente a que el sentido o esencia de nuestro Plan de Negocios es desarrollar un producto y/o servicio a ofrecer en el mercado (no podremos desarrollar un Plan de Negocios adecuado si en primera instancia no entendemos el producto y/o servicio motivo del mismo).

Paso no. 2: Plan financiero

Una vez que tenemos muy bien conceptualizado nuestro producto y/o servicio, debemos continuar con la elaboración de nuestro Plan Financiero, ya que éste nos permitirá entre otras cosas evaluar si nuestras propuestas de mercadotecnia, operativas y/o administrativas incluidas dentro de su respectivo plan son viables desde el punto de vista financiero. De nada nos servirá desarrollar todo un Plan de Mercadotecnia y Ventas con promociones y publicidad por ejemplo, si al momento de analizar su impacto dentro de nuestro modelo financiero nos damos cuenta que no es viable porque no vamos a contar con los recursos suficientes para su desarrollo; en ese caso, tendríamos que vernos en la necesidad de reestructurar nuestro Plan de Mercadotecnia y Ventas, habiendo desperdiciado en gran medida una buena parte del tiempo inicial destinado a éste. Es a lo anterior a lo que me refiero con eficientar el uso del tiempo al desarrollar un Plan de Negocios:

Imaginemos que llevamos más de 5 semanas desarrollando nuestro Plan de Negocios, en el cual ya determinamos la estrategia de mercadotecnia (dónde nos vamos a promocionar, cuánto vamos a invertir, qué personal tenemos que contratar).Un vez hecho lo anterior y de expresar todo esto en números dentro de nuestro Plan Financiero, nos damos cuenta que no nos alcanza y lo peor, tenemos que reestructurar nuevamente nuestro Plan de Negocios y en cierta forma, tirar a la basura gran parte del tiempo invertido en su desarrollo.

Creo que lo anterior no nos gustaría en absoluto, es de ahí que nace la importancia de desarrollar el Plan Financiero inmediatamente después de haber desarrollado el Plan de Producto; éste nos permitirá evaluar si nuestras propuestas de mercadotecnia, operativas y/o administrativas incluidas dentro de su respectivo plan son viables desde el punto de vista financiero y por ende factibles de ponerse en marcha.

Paso no. 3: Plan de Mercadotecnia

Una vez desarrollados tanto el Plan de Producto como el Plan Financiero, recomiendo continuar con el Plan de Mercadotecnia, ya que por su extensión o cobertura implica una buena parte del tiempo invertido en el desarrollo del Plan de Negocios y es el que nos va señalar si nuestro producto tiene posibilidades de competir en el mercado y por ende de convertirse en un negocio exitoso. El ingresar y posicionarnos en el mercado es la siguiente prueba de fuego que tenemos que pasar una vez que hemos desarrollado el producto, el Plan de Mercadotecnia nos permite evaluar y comprobar que nuestro producto y/o servicio tiene realmente potencial de ventas.

De igual forma que el ejemplo utilizado en lo referente al paso número dos (Plan Financiero), no nos sirve de mucho si desarrollamos nuestro Plan Operativo o Administrativo si al final del camino observamos que nuestro producto no tiene mercado, de ahí que sugiero como tercer paso cubrir el Plan de Mercadotecnia.

Paso no. 4: Plan Operativo

Como cuarto paso sugiero enfocarse a estructurar toda la operación de la empresa dentro del Plan Operativo conforme a lo expuesto tanto en el Plan de Producto, como en el de mercadotecnia y finanzas para de ahí continuar con el Plan Administrativo. Debemos conocer con claridad qué se requiere hacer para que la empresa o negocio ofrezca su producto y/o servicio en forma óptima y eficiente, para de ahí partir a definir la mejor forma en la que tenemos que administrar dicha empresa.

Paso no. 5: Plan Administrativo

Debemos recordar que un Plan de Negocios consiste entre otras cosas de poner el negocio o empresa en el "papel", es por eso que primero tenemos que tener visualizado dicho negocio desde el punto de vista operativo para de ahí establecer cómo va a ser administrado, por lo que el Plan Administrativo sea de las últimas partes en ser elaboradas, siempre cuidando que exista congruencia entre este capitulo y el resto.

Paso no.6: Plan Legal

Además de haber estructurado previamente la operación de la empresa o negocio, para elaborar el Plan Legal es muy importante contar con el Plan Administrativo, ya que es de suma importancia establecer las reglas del juego desde el punto de vista legal, sobre todo de aquellos aspectos relacionados directamente con la administración de la empresa, como lo son los accionistas, Consejo de Administración, etc.

Paso no. 7: Descripción de la Empresa

Todo Plan de Negocios debe incluir aspectos relevantes que identifiquen a la empresa o persona que lo está presentando y que permitan al lector entender de una manera general su entorno, desde el producto y/o servicio que comercializa, hasta la industria en la que participa:

- cómo está conformada en lo que refiere a accionistas
- su historia
- cuáles son sus objetivos
- qué es lo que la distingue
- dentro de qué industria está o va a participar; entre otros.

Una vez que tenemos elaborados los capitulo que llamo "operativos" es mas fácil poder determinar y definir con claridad los puntos antes señalados como industria, objetivos, factores distintivos, etc.

Paso no. 8: Sumario Ejecutivo

La última parte a desarrollar dentro de un Plan de Negocios debe ser el Sumario Ejecutivo, ya que éste integra de manera sintetizada la esencia o aspectos más importantes de cada uno de los distintos Planes que integran el propio Plan de Negocios.

Independientemente de los pasos aquí propuestos, es importante resaltar que el proceso de elaboración de un Plan de Negocios es interactivo entre sus partes; esto es, no importa cuál se desarrolle primero y cuál al último, siempre debe de existir una interrelación constante, ya que comúnmente se realizan modificaciones en un capítulo que a su vez tienen efectos en otro, por lo que éste último tiene que ser de igual manera modificado.

Quiénes tienen que intervenir en su elaboración

Es muy importante que el dueño del proyecto (quien está proponiendo el negocio o proyecto) participe activamente en el desarrollo del Plan de Negocios, independientemente de que contrate a una empresa especializada en este aspecto para su desarrollo o que se delegue esta función en alguien más; sobre todo cuando se está elaborando el Plan de Negocios para una empresa en funcionamiento como parte de su planeación estratégica.

Hacer un Plan de Negocios es como escribir un libro, se debe tener la habilidad de poder transmitir con palabras al lector lo que uno tiene en la mente, a fin de que pueda captar más fácilmente nuestras ideas y propuestas. La persona que elabore el Plan de Negocios debe tener esta habilidad, no importando que tenga experiencia o no en su desarrollo, ya que muy bien se puede seguir una guía ya sea impresa (libro, revista, etc.) o incluso un software desarrollado especialmente para este fin. Lo importante es tener la habilidad o facilidad de escribir lo cual va acompañado de una excelente redacción y ortografía, principalmente. En el caso de no contar con esta habilidad o experiencia en escribir y aun así desee elaborar por su cuenta el Plan de Negocios, sugiero que el interesado dedique un tiempo antes a leer cualquier tipo de novela descriptiva y una vez hecho esto, adquirir una guía para elaborar Planes de Negocio, creo que ambos serán de gran ayuda durante este proceso.

El decidir contratar los servicios de un especialista para que desarrolle nuestro Plan de Negocios debe ser considerado cuando por alguna razón:

- carecemos de tiempo para su desarrollo,
- no se nos facilita el escribir,
- deseamos obtener consejos sobre la mejor forma de encaminar nuestro negocio,
- queremos contar con la seguridad de que nuestro documento final estará acorde a nuestras necesidades, entre otros.

Un consultor especializado nos ofrece su experiencia, no sólo en materia de desarrollo de Planes de Negocios, sino en una gran cantidad aspectos relevantes que tienen que ser cubiertos y que muchas veces son omitidos en una guía tradicional como lo son:

- dónde buscar y encontrar la información que requerimos,
- cómo debemos estructurar nuestro negocio,
- qué información debemos incluir y excluir del documento,
- qué enfoque debe tener en función a nuestras expectativas, entre otros.

Un especialista primero tiene que entender el fin principal del Plan de Negocios para el cliente, para de ahí partir hacia su elaboración, ahorra tiempo en su elaboración ya que tiene desarrollado un proceso de elaboración que eficientiza el tiempo dedicado a esta labor. Sin embargo, aun si decidimos contratar los servicios de un especialista, es muy importante que el cliente participe activamente durante el desarrollo del Plan de Negocios a través de juntas periódicas que le permitan comprobar el rumbo de éste y que cumpla con las expectativas planteadas.

Imagina que decidimos contratar a un especialista, le pagamos sus honorarios y nos señala que en 8 semanas podemos pasar a recoger nuestro documento, una vez transcurrido el tiempo pactado y al momento de recoger el documento final nos damos cuenta que dista completamente de nuestra percepción del negocio o idea original. No podemos pedir que nos regresen nuestro dinero por que esa mecánica fue lo pactado, tampoco podemos seguir el Plan de Negocios por que no representa nuestra idea original (en la que creemos), que tendríamos que hacer, volver a desarrollar nuestro Plan de Negocios ya sea contratando nuevamente los servicios de un especialista o por nuestra cuenta, lo cual a su vez representaría una perdida de tiempo y dinero. Desde la óptica del consultor, creo que la mecánica de la participación constante del cliente favorece y enriquece el trabajo, así como elimina los aspectos relacionados a su insatisfacción, desgaste y mala utilización del tiempo.

Si se cuenta con el tiempo para elaborar el Plan de Negocios sin que ésto nos distraiga de nuestras actividades productivas normales y que a su vez nos impida desarrollar éstas eficientemente y tampoco elaborar un adecuado Plan de Negocios, sugiero elaborarlo por nuestra cuenta, caso contrario es mejor contratar a un especialista.

En el caso de elegir elaborar nuestro Plan de Negocios por nuestra cuenta es recomendable analizar lo siguiente:

- Tenemos habilidad para escribir. Si no es así es momento de comenzar a leer para desarrollar esta habilidad.
- Sabemos cómo hacer un Plan de Negocios. Si no es así, buscar y comprar una de las múltiples guías que hoy en día existen en el mercado.
- Contamos con los conocimientos necesarios sobre el mercado, industria, negocios, administración, etc. requeridos para elaborar nuestro Plan de Negocios. Si no es así, investigar, aprender y documentarse al respecto

En mi caso en particular, puedo decir que con cada Plan de Negocios se aprende algo nuevo, hoy en día distan mucho mis primeros Planes de Negocios de los que ahora desarrollamos en la empresa, todo gracias a que cada uno aporta algo nuevo que se avalúa una vez que se elabora y se tiene el documento final. Esta es una de las ventajas de contratar un consultor para elaborar nuestro Plan de Negocios, el contratarlo no sólo estamos contratando su habilidad para elaborarlo, sino su experiencia y conocimientos adquiridos a través del tiempo que le ofrecen un valor agregado muy importante a nuestro documento y el cual difícilmente pudiera llegar a darse en el caso de que nosotros tomáramos la decisión de hacerlo por nuestra cuenta debido básicamente a la falta de experiencia.

Sergio Viniegra

Elaboración de los Capítulos

T al y como se señaló en el capitulo anterior, la elaboración de cada uno de los capítulos del Plan de Negocios debe tener una secuencia y orden determinado, el cual con base a mi propia experiencia considero es la forma mas óptima para elaborarlo.

De acuerdo a esta secuencia es que presento una breve guía de los puntos más importantes que deben incluirse en cada uno de los capítulos, así como una pequeña descripción de los mismos; sin embargo esto no quiere decir que si no se sigue ésta, estamos en un error, es simplemente una técnica desarrollada a través del tiempo y que ha probado resultados.

Como fue aclarado, se trata de una "breve" guía y descripción, ya que el fin de este libro es otro, por lo que sugiero que ésta sea tomada como un marco introductorio y que si se desea desarrollar un Plan de Negocios y por lo tanto contar con una guía completa de cómo hacerlo, adquirir una o varias guías más completas que la que aquí presento a fin de contar con mayor información y distintos enfoques sobre este proceso.

En este capitulo hago énfasis en aquellos puntos importantes dentro de cada una de las secciones del Plan de Negocios, incluyo una breve explicación de por qué es importante ese punto en particular; asimismo, existen otros puntos en los cuales no hago tanto énfasis por que considero que son obvios y que su contenido está más asociado a la incorporación de información o que por el contrario, desarrollarlos implica salirme un poco o mucho del contexto de este libro y que creo son cubiertos de manera muy completa en otras guías.

Plan de Servicios y/o Productos (Capítulo 3)

El Plan de Productos y/o Servicios se compone de las siguientes secciones:

- Descripción de los Productos y/o Servicios a ofrecer
- Estado Actual
- Características Distintivas
- Otros Productos y/o servicios por ofrecer
- Factores Legales y Gubernamentales asociados
- Obsolescencia
- Activos
- Evaluación del Producto y/o Servicio
- Análisis Comparativo

Descripción de los Productos y/o Servicios a ofrecer

Lo más importante dentro de un Plan de Negocios es definir en forma clara cuál o cuáles serán los productos y/o servicios que vamos a ofrecer en el mercado, ya que éstos son la parte esencial por la cual estamos elaborando nuestro Plan de Negocios. Recomiendo en este sentido colocar el producto enfrente de nosotros y comenzar a describir lo que estamos viendo, en el caso de que se trate de un servicio es recomendable imaginarlo en nuestra mente para de ahí partir para describirlo en el papel.

Estado Actual de los Productos y/o Servicios a Ofrecer

Una vez descrito nuestro producto y/o servicio, el siguiente paso consiste en definir cuál es el estado de desarrollo de éste, en qué etapa se encuentra, si es que ya está totalmente terminado o se encuentra en la fase de diseño, adaptación o de pruebas finales, por ejemplo. En el caso de que por alguna razón no se encuentre totalmente terminado, es importante señalar las razones, así como el tiempo estimado que tardará en terminarse o desarrollarse por completo.

Características Distintivas

Las oportunidades de éxito de un producto y/o servicio en el mercado dependen en gran medida de sus características únicas o distintivas sobre los demás, lo cual a su vez provoca su diferenciación entre el consumidor o usuario final (este es un punto muy importante, ya que es lo que en cierta forma asegura la viabilidad de nuestra propuesta o negocio). Estas características únicas en nuestro producto y/o servicio permiten lograr captar la atención del mercado, que lo compare con los demás existentes (competencia) y decida adquirir el nuestro.

Otros Productos y/o servicios por ofrecer

Aquí se deben describir todos aquellos productos y/o servicios que van a complementar nuestro producto y/o servicio principal, no importa si éstos se van a ofrecer desde el comienzo o en un mediano plazo (una vez arrancado el negocio o proyecto). Suele suceder que vamos a comercializar un determinado producto en todo el país y que pretendemos ofrecer un servicio adicional de lada sin costo (01-800) para que nuestros clientes no tengan que pagar la larga distancia, éste sería un ejemplo de servicio adicional. Otro ejemplo lo seria si estamos planeando abrir un restaurante y decidimos que vamos a ofrecer el servicio de entrega a domicilio, éste último sería un servicio adicional.

Factores Legales y Gubernamentales

En este apartado debemos incluir entre otras cosas factores legales (patentes, normas, derechos de autor o registro de marca) que implican el desarrollar o poner en marcha la empresa o negocio y comercializar nuestro producto y/o servicio, así como los permisos requeridos por el gobierno o entidad gubernamental para operar (licencias, permisos de importación, cupos, etc.).

Obsolescencia

Un punto muy importante dentro de cualquier producto y/o servicio es conocer o estimar cuánto durará en el mercado, lo cual va asociado directamente al factor obsolescencia y su efecto sobre dicho producto y/o servicio.

El hecho de que se incorporen al mercado productos y/o servicios similares al nuestro pero con alguna adición que provoque que el nuestro sea de menor utilidad, puede llegar a hacer de éste obsoleto. Mismo caso cuando nuestro producto y/o servicio está asociado a un factor de moda por ejemplo, la cual conforme pase el tiempo lo convierta en algo "fuera de moda" y por ende obsoleto.

Lo importante en este sentido es identificar si existe un riesgo de obsolescencia; es decir, qué peligros están relacionados con cambios en moda o estilos y señalar (prever) cómo pretendemos disminuir o eliminar dicho riesgo, probablemente a través de la innovación del mismo producto y/o servicio o mediante otros nuevos adicionales que sopesen dicho efecto en términos de ventas.

Activos

Se refiere a los equipos, maquinarias, inmuebles, etc. involucrados con nuestra operación, es decir, que se requieren para desarrollar nuestro producto y/o servicio, así como para operar día a día nuestra empresa y los cuales pudieran ser fijos (edificio, terrenos, etc.) y variables (inventarios)

Evaluación del Producto y/o Servicio

Entendemos que si nos encontramos realizando nuestro Plan de Negocios es por que realmente estamos convencidos de que nuestro producto y/o servicio va a tener éxito en el mercado como resultado de que hemos realizado pruebas físicas (producto) o sondeo (servicio) a través de amigos, conocidos, clientes potenciales, etc. Lo anterior independientemente de darle a un tercero certidumbre sobre nuestro producto y/o servicio, nos convencerá de que realmente éste tiene potencial y no se trata simplemente de un supuesto al que nos aferramos.

Análisis Comparativo

Como respaldo al punto anterior, debemos señalar cómo ha sido comparado nuestro producto y/o servicio con sus similares, buscando enfatizar qué es lo que hace a nuestro producto superior a los demás dentro de un enfoque totalmente objetivo.

El Plan de Producto y/o Servicio es la esencia de nuestro Plan de Negocios, es muy importante cuando lo desarrollemos buscar ser lo más objetivo posible, entendiendo que en función del análisis que hagamos dependerá en gran parte que nuestra propuesta o negocio tenga posibilidades de tener éxito en un mercado cada vez más competido.

Plan Financiero (Capítulo 7)

Un buen Plan Financiero normalmente está estructurado de la siguiente manera:

- Análisis Financiero (Capital Requerido, Utilización de los fondos, Apalancamiento, Depreciaciones, Sensibilidad de Ingresos, Plan de Retiro para los accionistas, Plan de Contingencia, Análisis de Punto de Equilibrio, Riesgos Existentes, entre otros.
- Análisis de Rentabilidad (VPN, TIR y Tiempo de Recuperación)
- Factores Financieros Clave (tasas de crecimiento, márgenes de utilidad, situación financiera, rendimientos/inversión, etc.)
- Desglose de Inversión
- Modelo de Ingresos
- Estructura de Egresos (Administrativos, de Venta, Operativos y Financieros)
- Sueldos y Salarios
- Estado de Resultados
- Balance General
- Flujo de Efectivo

De los puntos anteriores uno puede realizar una selección y desechar lo que a su juicio no es tan relevante dentro de su propuesta de negocio o proyecto; por ejemplo, en el caso de que el Plan de Negocios se realice como parte de la planeación estratégica de un negocio o empresa que no requiera de aportación de capital, se pudieran eliminar los puntos asociados con este rubro como pudieran ser el apalancamiento, riesgos de arranque, plan de retiro a accionistas, etc.

En lo particular considero que los puntos medulares de un Plan Financiero son el modelo de Ingreso, de Egresos y el Estado de Flujo de Efectivo, los dos primeros tienen que mostrar una realidad y ser congruentes con lo que estamos planteando en cada uno de los capítulos de nuestro Plan de Negocios, ya que de estos dos se deriva gran parte del Plan Financiero.

El Estado de Flujo de Efectivo lo considero como el más importante y sobre el cual tenemos que poner más atención, su importancia radica en que de éste se obtiene la información necesaria para evaluar la viabilidad de nuestra propuesta (TIR, VPN, etc.). El Flujo de Efectivo tiene que ser lo más preciso y debe de incluir de una manera desglosada todos aquellos rubros que impliquen una entrada o salida de dinero tanto durante su operación normal como de manera extraordinaria.

Es importante que una vez terminado el Plan Financiero y durante el desarrollo de los demás capítulos de nuestro Plan de Negocios, se vaya alimentando con información para evaluar en ese mismo momento la viabilidad de lo que estamos planteando; esto es, si por ejemplo estamos desarrollando nuestro Plan Operativo y decidimos que vamos a contratar un número determinado de empleados, es recomendable alimentar esta información dentro de nuestro Plan Financiero para analizar el impacto de lo que estamos proponiendo y sobre todo su viabilidad.

El Plan Financiero nos va a marcar si nuestra propuesta o negocio es factible y más aún, su tiempo de vida a través del tiempo.

Plan de Mercadotecnia (Capitulo 4)

Como señale en capítulos anteriores, los negocios o empresas cuya mercadotecnia es exitosa, comienzan invariablemente con un Plan de Mercadotecnia. Me gusta mucho la propuesta que hace Lee Ann Obringer en su articulo "How Marketing Plans Work" sobre como puede ejemplificarse el desarrollo de un Plan de Mercadotecnia con el proceso que desarrollamos cuando somos pequeños y planeamos lo que deseamos ser cuando nos convirtamos en adultos:

- Aprendemos y descubrimos el mundo alrededor nuestro.
- Desarrollamos e identificamos nuestras habilidades, fortalezas y debilidades.
- Establecemos nuestras metas en función a nuestras habilidades y fortalezas (no olvidándonos de nuestras debilidades).
- Establecemos las estrategias para alcanzar nuestros objetivos
- Configuramos nuestro plan de acción
- Ponemos en marcha dicho plan para cumplir con nuestras metas esperando tener éxito.

El Plan de Mercadotecnia sugiero estructurarlo de la siguiente manera:
- Análisis de Mercado
- Competencia
- Estrategia de Mercadotecnia
- Estrategia de Ventas
- Análisis Comparativo

Análisis de Mercado

Comenzamos nuestro Plan de Mercadotecnia haciendo un análisis profundo sobre nuestro mercado, determinando entre otros:

- ¿quién es nuestro mercado meta?,
- ¿cuál es su perfil?,
- ¿qué tamaño tiene?.

Lo anterior nos permitirá dimensionar el mercado el cual pretendemos atacar y analizar si en realidad nuestros esfuerzos, estrategias y recursos nos permitirán cubrir todo el mercado o vale la pena mejor dividir este en grupos o segmentos para desarrollar una estrategia que nos permita con forme a nuestros recursos y capacidad, enfocarnos en uno o varios segmentos de éste de una manera más eficiente.

La segmentación de nuestro mercado es la base para determinar nuestras ventas proyectadas y por ende para conocer cuál será nuestra participación; es decir, qué parte del mercado pensamos cubrir con el nivel de ventas proyectado. Dentro de los puntos más importantes a cubrir en este apartado se encuentran:

- mercado meta,
- tamaño del mercado,
- segmentación de mercado,
- beneficios del producto y/o servicio,
- participación en el mercado,
- tendencias y reacciones, principalmente.

Competencia

Aquí debemos describir todos los aspectos claves de nuestros principales competidores y cómo éstos afectarán nuestro entorno a través del tiempo. Debemos identificar entre otros aspectos:

- ¿quiénes son los más fuertes competidores?,

- ¿cómo se compara nuestro producto y/o servicio con el de ellos?,
- ¿sus negocios se encuentran creciendo o decreciendo?,
- ¿qué otros competidores (directos o indirectos) existen o pudieran llegar a existir y bajo qué bases se va a competir?

Estrategia de Mercadotecnia

Debemos señalar la forma en que vamos a dar a conocer nuestro producto y/o servicio, así como su estrategia de comercialización considerando clientela, áreas geográficas, política de precios, canales de distribución, ingreso, posicionamiento y fortalecimiento del producto y/o servicio en el mercado, publicidad y medios, principalmente.

Estrategia de Ventas

Es importante identificar y establecer la forma en que vamos a operar día a día para comercializar nuestro producto y/o servicio en el mercado, determinando desde el equipo humano requerido y las promociones planeadas, hasta las políticas que regirán el correcto funcionamiento de esta área cubriendo principalmente los siguientes puntos:

- fuerza de ventas,
- promociones de ventas,
- política de pedidos,
- política de crédito y cobranza,
- garantías, entre otros.

Análisis Comparativo

Este es un análisis muy útil, ya que nos permitirá evaluar de una manera práctica lo que han hecho y hacen nuestros competidores en materia de mercadotecnia utilizando esto como un medio para no cometer los mismos errores en el caso de estrategias fallidas y mejorar aquellas que han sido exitosas. Analizar comparativamente nuestras estrategias con las del resto de las empresas que participan en el mercado nos facilitará comprender de una mejor manera aquellos aspectos que han funcionado para atraer a los consumidores y sobre todo a hacer que adquieran el producto y/o servicio.

El Plan de Mercadotecnia es el medio que nos va permitir analizar nuestro mercado y las estrategias para llegar a él de una manera más eficiente, el punto más importante una vez que contamos con el producto y/o servicio.

Plan Operativo (Capitulo 6)

Cuando se elabore el Plan Operativo de la empresa se deben cubrir los siguientes puntos:
- Desarrollo del Proyecto
- Proceso general
- Areas Operativas
- Proceso Operativo
- Areas Geográficas
- Instalaciones
- Equipo Requerido
- Control de Calidad
- Capacitación
- Subcontratación de Servicios
- Inventarios
- Ventajas y Desventajas Operativas y de Ubicación
- Estructura de Costos y Gastos Operativos

Desarrollo del Proyecto

Por donde tenemos que comenzar es en explicar:

- ¿cómo se va a poner en marcha nuestro Plan de Negocios?,
- ¿qué pasos tienen que darse o cumplirse y en qué forma?

Para lo anterior no hay herramienta mejor que un cronograma de actividades en el cual se define con claridad todas las actividades a realizar para poner en marcha nuestro Plan de Negocios, la secuencia que deben de seguir éstas y el tiempo requerido para cada una.

Proceso general

Una vez explicada la implementación de nuestra propuesta, el siguiente paso consistirá en explicar cuál será el proceso general que tiene que seguir la empresa o negocio para producir el producto y/o servicio que pretendemos comercializar, desde su elaboración hasta el momento en que lo entregamos al cliente. Para lo anterior sugiero realizar un diagrama de flujo, el que describe de forma clara y precisa cualquier tipo de proceso.

Areas Operativas

Debemos describir cómo está estructurada la empresa desde el punto de vista operativo, así como cada uno de los puestos que intervienen en esta área. Sugiero que se incluyan todas aquellas personas que no intervienen tanto en el área administrativa como de ventas, tal como un operador de maquinaria, chofer y de quienes depende la empresa para operar día a día.

Proceso Operativo

Al igual que en el apartado de proceso general debemos describir a detalle cómo se va a generar la operación de la empresa en cada una de sus distintas áreas y procesos, considerando sus procesos más representativos como lo serian producción, almacenaje, reparto, etc.; apoyándose de igual forma a través de diagramas de flujo para su representación.

Este apartado debe incluir lo referente a capacidad instalada, horarios de operación, elaboración del producto y/o servicio, almacenaje de mercancía, adquisición de materia prima, entre otros.

Áreas Geográficas

Aquí se debe señalar qué áreas geográficas pretendemos cubrir con nuestro producto y/o servicio en función a los mercados que pretendemos explotar y sobre todo, cómo planteamos hacerlo (si nuestra distribución será local, regional estatal, nacional o internacional).

Instalaciones

Es importante señalar las instalaciones involucradas con la producción o elaboración de nuestro producto y/o servicio, así como aquellas requeridas para operar día a día, llámense oficinas, bodegas, etc.

Equipo

De manera similar al punto anterior, se debe especificar el equipo o maquinaria que requerimos para operar normalmente como puede ser de producción, reparto, cómputo, etc.

Control de Calidad

Un aspecto fundamental para cualquier negocio o empresa (independientemente de su giro) es asegurar la calidad de su producto y/o servicio, buscando entre otras cosas, lograr la lealtad por parte del cliente y por ende asegurar su permanencia en el mercado a través del tiempo. Es por lo anterior que debemos definir y señalar nuestra estrategia para mantener y elevar la calidad de nuestro producto y/o servicio.

Capacitación

Este apartado describe cuál es nuestro plan para capacitar al personal operativo del negocio o empresa para que domine las actividades encomendadas lo cual conlleva desde la elaboración del producto y/o servicio hasta la atención brindada a nuestros clientes.

Subcontratación de Servicios

Si tenemos contemplado subcontratar algún tipo de servicio requerido a un proveedor para a su vez nosotros poder ofrecer nuestros productos y/o servicios, debemos señalar el proceso que esta actividad debe de seguir y a través de quién planeamos hacerlo.

Inventarios

Es importante aclarar cómo se va a manejar y administrar nuestro inventario de mercancía tanto de materia prima como del producto terminado, señalando los niveles mínimos y máximos requeridos para operar de cada una de las mercancías, productos o materias primas.

Ventajas y Desventajas Opera Ubicación

En cualquier negocio enfrentamos tanto ventajas co.. desventajas asociados con nuestra localización geográfica tanto dentro de una ciudad como de una región, así como aquellas relacionadas principalmente a nuestra operación como lo sería por ejemplo el hecho de contar con una planta que nos permita expandir nuestra producción sin la necesidad de tener que mudarse a otra nueva, una vez que lleguemos a ciertos niveles de producción o ventas.

Estructura de Costos y Gastos

Tenemos que señalar a detalle cuáles serán nuestros principales costos de producción para nuestro producto y/o servicio considerando cada nivel de producción, así como los principales gastos relacionados con nuestra operación.

El Plan Operativo está asociado directamente a la naturaleza de nuestro producto y/o servicio la cual va a definir en gran medida su estructura; no obstante esto, lo anteriormente expresado puede servir de marco de referencia y se debe complementar de acuerdo a las necesidades particulares de cada uno de éstos.

Plan Administrativo

Al desarrollar el Plan Administrativo recomiendo enfocarse en dos aspectos fundamentales:
1. El equipo humano que va a dirigir la empresa y/o negocio
2. La estructura y estilo administrativo a emplear
Los dos anteriores en conjunto representan la esencia de nuestro sistema administrativo

Sugiero estructurar el Plan Administrativo de la siguiente manera:

- Planeación Estratégica
- Sistema Administrativo
- Equipo Administrativo
- Sistema de Compensaciones
- Selección y Renumeración del Personal
- Cronograma Administrativo
- Políticas Administrativa
- Capacitación
- Motivación
- Lealtad y Compromiso
- Principales Gastos Administrativos

Planeación Estratégica

Este apartado busca enfocarse principalmente en lo referente al establecimiento de nuestra visión, misión y factores estratégicos claves.

Sistema Administrativo

Debemos definir un sistema administrativo a seguir buscando una mayor productividad, retención de los empleados y lealtad por parte de nuestros clientes (a pesar de que nunca lo hayamos analizado, todos tenemos un sistema administrativa el cual es una extensión de nuestro estilo personal).

Equipo Administrativo

Debemos mencionar quiénes son las personas que determinarán las estrategias a seguir, quiénes tomarán las decisiones finales, quiénes decidirán los productos y/o servicios que serán comercializados, quién estará a cargo de coordinar los esfuerzos de ventas, entre otros;

señalando quiénes son las personas que integrarán nuestro equipo administrativo, sus habilidades, educación y experiencia de cada uno.

Sistema de Compensaciones

Requerimos plantear cuáles serán las compensaciones e incentivos para cada uno de los empleados como una forma de mantenerlos y motivarlos, lo cual implica entre otros: salarios, bonos, comisiones, reparto de utilidades, acciones, etc.

Selección, contratación y remuneración del Personal

En este apartado tenemos que plantear cuál es nuestra estrategia para reclutar al personal que pensamos emplear en nuestra empresa, bajo qué condiciones se va a contratar y cómo vamos a remunerar económicamente sus esfuerzos.

Cronograma Administrativo

Igual que en los capítulos anteriores es muy importante identificar y describir las acciones más importantes a realizar en materia administrativa, así como el tiempo que nos va a llevar realizar cada una de éstas.

Distribución Accionaria

Tenemos que señalar quiénes son los accionistas actuales de la empresa y/o negocio.

Capacitación

Es conveniente indicar cuál es nuestro programa de capacitación hacia el personal en busca de alcanzar el éxito organizacional de la empresa de la manera más eficiente posible.

Motivación

Se deben definir las estrategias a implementar buscando motivar a nuestro personal y consiguientemente lograr mayores resultados en el desempeño de sus labores, así como una mayor retención.

Lealtad y Compromiso

Aquí se debe indicar cómo planeamos desarrollar la lealtad y el compromiso de nuestros empleados hacia la empresa y/o negocio.

Principales Gastos Administrativos

Se requiere desglosar los principales gastos asociados con la administración de la empresa o negocio.

La calidad de las personas determina el éxito de una empresa o negocio. Se requiere de personas capaces, con experiencia y habilidades para desarrollar tanto una estructura como estilo administrativo que aseguren el éxito de la empresa a través del tiempo.

Plan Legal

Al desarrollar nuestro Plan Legal recomiendo considerar los siguientes puntos:
- Estructura Legal
- Objeto Social
- Administración de la Sociedad
- Capital social
- Propiedad Industrial y/o Intelectual
- Aspectos Impositivos
- Asesores jurídicos
- Aspectos Legales Relevantes

Estructura Legal

El primer paso consiste en definir cual es la mejor estructura legal (tipo de empresa) para nuestra empresa ante el gobierno. Comúnmente escogemos un determinado tipo de estructura legal sin realmente saber si es la mejor opción para nosotros desde el punto de vista fiscal (impuestos), así como de la operación de nuestra empresa.

El Plan Legal depende de la legislación existente en cada país, por lo cual sugiero consultar a un abogado (de preferencia un fiscalista) o un contador, plantearle nuestras necesidades y expectativas para que en función a éstas se diseñe la mejor estrategia legal para nuestro negocio y/o empresa.

Es muy importante definir de manera clara la naturaleza de nuestro negocio, quién lo va a dirigir y bajo qué términos y condiciones lo va a hacer, por señalar algunos puntos.

Objeto Social

Si hemos escogido formar una empresa mediante una sociedad el siguiente paso deberá ser definir nuestro objeto social (a que nos vamos a dedicar) para que éste quede asentado en nuestra acta constitutiva. Generalmente el objeto social es muy amplio a fin de que tengamos la facultad de poder dedicarnos prácticamente a todo, pero es muy importante comenzar con nuestro giro principal. Para lo anterior nos podemos asistir en un abogado.

Administración de la Sociedad

Es un punto muy importante el cual normalmente no le damos la importancia que merece, ya que aquí se define quién o quienes serán los responsables de administrar la empresa y la responsabilidades que de ésto se derivan, sobre todo ante terceros como es el caso de Acreedores y/o Gobierno.

Capital social

Este apartado cubre cómo estarán repartidas las acciones de la empresa, es decir en qué proporción somos dueños de la misma y lo más importante, que tanto poder de decisión tenemos sobre las decisiones a tomar. Este es un punto que generalmente se pasa por desapercibido, debemos recordar que generalmente la mayoría toma las decisiones, representada esa mayoría por el número de acciones, por lo que quien o quienes tengan esta mayoría (51 por ciento de las acciones) serán quienes tomen las decisiones finales en la empresa, no importa si nosotros en lo individual somos quienes tenemos más acciones (49.5 por ciento por ejemplo), mientras no tengamos el 50 por ciento más 1, de nada nos sirve para esa toma de decisiones.

Propiedad Industrial y/o Intelectual

Hoy en día gran parte del valor de las empresas está asociado a su propiedad industrial (marca) y/o intelectual (invento). Es por lo anterior que debemos establecer un plan de acción para proteger éstos, desde quién se va hacer cargo de este apartado hasta bajo qué condiciones y en qué tiempo lo vamos a hacer.

Aspectos Impositivos

Esta sección debe incluir cuáles son las obligaciones fiscales y bajo qué términos y condiciones se van a desarrollar, así como quién nos va a asesorar en esta materia. Es muy importante establecer una estrategia fiscal basada en la ley a fin de evitarnos problemas en el futuro, misma que se deriva de contar con un buen Estado de Flujo de Efectivo.

Asesores jurídicos

Tenemos que definir con quién nos vamos a apoyar para llevar de la mejor manera las cuestiones legales de la empresa y/o negocio.

Generalmente durante la operación normal de nuestro negocio o empresa firmamos una cantidad considerable de contratos con proveedores, acreedores y/o empleados, sin detenernos a pensar las implicaciones que esto tiene si es que no funcionan las cosas de la mejor manera, cuánto nos cuesta el emplear acciones correctivas. De ahí que sugiero contar con un abogado para apoyarnos cada vez que firmemos un contrato o establezcamos un convenio y con quien podemos trabajar con una iguala mensual (sugiero verlo como el pago de un seguro de nuestro automóvil, nunca sabemos cuando lo vamos a necesitar).

Aspectos Legales Relevantes

Este apartado lo recomiendo para colocar los demás aspectos legales importantes no considerados en los puntos anteriores y que son implícitos a la naturaleza propia de nuestro negocio y/o empresa.

Generalmente nos enfocamos a la operación, administración y mercadotecnia de nuestro negocio o empresa y subestimamos la cuestión legal de la misma hasta que nos vemos en problemas, por lo cual sugiero detenernos un poco a planear y estructurar esta parte a fin de estar preparados en el futuro y no nos tomen por sorpresa.

Descripción de la Empresa

Este capitulo generalmente cubre los siguientes puntos:

- Generales
- Industria
- Desarrollo
- Objetivos
- Historia
- Logros
- Propiedad
- Factor distintivo

Generales

En este apartado debemos señalar cuál es el nombre de la empresa que propone el negocio, si ya ha comenzado a operar (cuándo y dónde) o se trata de una empresa de nueva creación. Asimismo debemos indicar cuál es su actividad principal, su producto y/o servicio y si se ha atendido a cliente alguno en el pasado.

Industria

Es importante hacer un breve resumen sobre la industria en la cual estamos participando o deseamos participar, cuál es su estado actual, tendencias etc., todo aquello que nos permita entender de una manera más clara dónde planeamos pisar. Esto nos ayudará en nuestro Plan de Mercadotecnia y en el Plan de Producto, ya que nos permitirá conocer aspectos tal vez omitidos del mercado (industria), así como ciertas tendencias o productos por incorporar, por ejemplo

Desarrollo

Se debe aclarar cuál es el estado actual de desarrollo de la empresa, qué etapas ya hemos cubierto y cuáles nos faltan por cubrir. Tenemos que indicar si es que ya alcanzamos nuestro desarrollo tanto de planeación como operativo y caso contrario, qué pasos se deben seguir para alcanzar este desarrollo.

Objetivos

Un punto muy importante y en el que debemos tener mucho cuidado es el referente a cuáles son los objetivos de nuestra empresa en el corto, mediano y largo plazo. Tener bien definidos nuestros objetivos nos ayudará a establecer un camino más eficiente para alcanzar nuestras metas y por ende, nos ofrece mayor confianza sobre su obtención, tanto a nivel personal como externo (inversionistas).

Historia

Es importante conocer un poco con relación a cómo surgió nuestra propuesta y cómo es que se conformó nuestra empresa, debemos señalar brevemente aquella información que consideremos importante a fin de conocer y entender los orígenes de nuestra propuesta.

Logros

El hecho de haber desarrollado el Plan de Negocios es un logro, haber terminado el prototipo de nuestro producto y haber realizado una cierta negociación también lo son. Todos aquellos aspectos relevantes que hemos desarrollado, conseguido y/o negociado para que nuestra propuesta sea una realidad, se convierten en logros, por lo tanto debemos señalarlos. Tenemos que tener cuidado, es conveniente seleccionar sólo aquellos aspectos relevantes que realmente le den un valor agregado a nuestra propuesta o concepto de negocio.

Propiedad

Este apartado busca conocer cuál es la estructura accionaria actual; es decir, quiénes son los socios actuales involucrados con nuestro negocio y qué porcentaje de acciones posee cada uno.

Factor distintivo

Cuál es el factor distintivo de nuestra empresa y que nos identifica, debemos señalar cuáles son nuestras fortalezas como empresa que nos permiten diferenciarnos de muchas otras y que a su vez dan certidumbre sobre su posible éxito en el futuro.

El hacer una descripción general de nuestra empresa, nos permite entre otras cosas identificar de una forma clara y concisa aspectos tan importantes como nuestros objetivos, logros y factores distintivos, muchas veces pasados por alto y que juegan un papel muy importante al momento de establecer el camino a seguir para cumplir nuestros objetivos, de aquí su importancia.

Sumario Ejecutivo

El sumario Ejecutivo debe de cubrir de manera condensada los siguientes aspectos del Plan de Negocios:

- Introducción
- Descripción del Negocio
- Objetivos
- Producto y/o Servicio Principal
- Estado de Desarrollo de la Empresa
- Logros
- Mercado Meta
- Estrategia de Mercadotecnia
- Factores Distintivos
- Evaluación del Productos y/o Servicio Principal
- Inversión

Los puntos anteriores deben de ser cubiertos de forma breve tomando como base lo señalado a lo largo del Plan de Negocios a fin de que exista una coherencia y similitud con el mismo. El sumario Ejecutivo se sugiere no abarque más de 3 cuartillas.

Como se señaló al principio de este capítulo, esta breve guía presenta de una forma breve lo que a mi experiencia son los puntos mas importantes que debe cubrir un Plan de Negocios y que se basan en una técnica probada que me ha generado resultados satisfactorios, el elector puede determinar lo que a su juicio considere que está bien y desechar lo que no considere conveniente incluir, importante es consultar distintas guías especializadas en este rubro a fin de contar con la mayor cantidad de información posible, la que a su vez le permitirá elaborar un mejor plan de negocios.

Implementación del Plan de Negocios

Lo más difícil y tal vez lo más importante no está en desarrollar el Plan de Negocios, tampoco en conseguir el capital o los fondos necesarios para arrancar el negocio o empresa, está en su implementación.

Hay quienes se enfocan en tratar de impresionar al lector con lo mucho que saben sobre el negocio, tal y como lo señala Jan B. King en su libro "Business Plan to Game Plans". Se trata de personas que lo que les importa es conseguir los fondos para poner en marcha su propuesta y se olvidan que lo más importante no es cómo arranque el negocio, sino cómo asegurar que permanezca en el mercado a través del tiempo y que genere las utilidades que estamos planteando y por las cuales los inversionistas le están apostando a nuestra propuesta.

Si analizamos las estadísticas de cuántos negocios arrancan y cuántos todavía están en operaciones después de los cinco años de haber arrancado nos sorprenderíamos, y les puedo asegurar que muchos que fracasaron contaban con un Plan de Negocios, ¿que falló entonces?

Realmente es muy difícil contestar esa pregunta, porque en un entorno de negocios existen un sin fin de factores que pueden influir en el desenvolvimiento de un negocio a través del tiempo, factores que en ciertos casos pueden llegar a ser anticipados si es que hicimos un correcto proceso de planeación (Plan de Negocios). Sin embargo existen otros factores que muy difícilmente pudiéramos llegar a prever aun habiendo realizado una exhaustiva planeación, como es el caso por ejemplo de factores relacionados al clima y el medio ambiente como seria un ciclón en el Golfo de México y la Florida que provoque que los precios del petróleo a nivel internacional se disparen y que esto tenga efecto en el combustible que requerimos para transportar nuestra mercancía. Se trata de factores que a pesar de ser climáticos tienen un efecto en la economía y difícilmente podemos prever.

Es muy probable que muchos de los negocios que cerraron sus puertas en el camino contaban con un Plan de Negocios antes de iniciar, la pregunta en este caso seria: contaban con un plan de implementación de cada una de las estrategias planteadas en su Plan de Negocios, señalaba su plan de negocios las rutas y los tiempos a seguir para su implementación, muy probablemente la respuesta sería no.

Como se menciona al comienzo de este capitulo y en otros capítulos de este libro, en muchas ocasiones el Plan de Negocios se elabora para impresionar o simplemente con el objetivo de conseguir los fondos requeridos para poner en marcha nuestra propuesta o negocio y nos olvidamos de la implementación de dicho plan, es decir, de los pasos y tiempos precisos a seguir una vez que se cuentan con los fondos y se lanzara al mercado nuestro producto y/o servicio.

En muchas ocasiones el Plan de Negocios se queda en estrategias a seguir, por eso es muy importante que cada uno de los distintos planes (administrativo, financiero, mercadotecnia, operativo y legal, principalmente) contemplen un cronograma de implementación el cual tiene que estar relacionado de manera directa con los demás y en conjunto definan la implementación de las estrategias de la empresa o negocio.

Parte del objetivo del Plan de Negocios es plasmar la interacción que deben de seguir las distintas áreas de la empresa para alcanzar sus objetivos, esta interacción comienza con la planeación de estrategias y continúa con su implementación. Como en toda operación normal de una empresa debe de existir una coherencia y orden en la implementación de las estrategias tanto desde el punto de vista individual (por área) como colectivo (empresa), ya que de lo contrario estamos generando un caos interno aun antes de comenzar.

Una vez que la estrategia y el plan han sido conformados, es tiempo de establecer el Plan de Implementación, el cual involucra la jerarquización de actividades y tareas basadas en su relación con el éxito buscado y los recursos disponibles, sin olvidar que en muchos casos el dinero no es el recurso más importante, ya que el conocimiento y el factor humano son de igual importancia.

El plan de implementación tiene que estar diseñado en función a una agenda la cual identifique las actividades y el orden secuencial de las mismas, lo que ayudará a poder pronosticar las necesidades de presupuesto y recursos requeridos (particularmente útil para administrar el flujo de efectivo). Normalmente esta agenda debe ser revisada y actualizada conforme el negocio vaya creciendo y desarrollándose, manejando cada actividad como subproyectos; cada vez que un producto sea lanzado al mercado, se tienen que establecer sus propias actividades y escalas de tiempo.

Por ejemplo, si nos encontramos desarrollando un nuevo negocio, todo lo relacionado a alcanzar nuestra primera venta deberá convertirse en nuestro proyecto principal y de ahí partir para establecer los tiempos y procesos para las actividades que acompañan a éste.

Muy importante en la implementación de un plan o acción en el cual interviene más de una persona es el facultar y compartir información dentro del equipo o empresa, buscando que sus miembros sean más eficientes. Con facultar me refiero a asignar responsabilidades y por lo tanto permitir (hasta cierto límite) a esas personas la toma de decisiones que afecten directamente su entorno de trabajo.

En lo referente a compartir información, quiero decir informar de manera constante y oportuna a todo el equipo de trabajo o personal de la empresa sobre el desenvolvimiento (positivo o negativo) de la misma.

Cuando estamos ejecutando nuestro Plan de Negocios es muy común vernos superados por la ansiedad y las ganas de que sucedan las cosas de una manera más rápida a la estipulada, lo cual en la mayoría de los casos nos lleva a olvidarnos de nuestro Plan de Negocios. Sugiero antes de que esto suceda, detenernos a analizar qué tanto modifica nuestra acción por tomar al resto de lo planteado en nuestro Plan de Negocios y si las demás áreas se pueden ajustar a nuestra nueva acción y que implicaciones conllevaría esto. Si después de analizarlo, nos damos cuenta que no va a tener implicaciones, sugiero implementarlas y modificar nuestro Plan de Negocios; caso contrario, ajustarnos al planteamiento inicial.

El éxito de un Plan de Negocios no está en su elaboración, ésta nos va a dar la información necesaria para tomar las mejores decisiones para establecer y ejecutar el proceso de implementación del Plan de Negocios, el más importante a mi particular punto de vista y que generalmente es menospreciado.

Seguimiento, Evaluación y Actualización del Plan de Negocios

Como se señaló en el capítulo anterior, lo más importante en un Plan de Negocios está en su implementación para lo cual es muy importante el seguimiento que se le dé a cada uno de los procesos y estrategias en él señalados.

Nuestro plan de ejecución debe contemplar un mecanismo de seguimiento a nuestro Plan de Negocios a fin de detectar a tiempo errores u omisiones que puedan poner en peligro su éxito o correcta implementación. Este mecanismo debe de tener claro los tiempos y la forma en la que se realizará el seguimiento y evaluación de nuestro Plan de Negocios, los que deberán estar asociados básicamente con actividades críticas de su puesta en marcha y operación. Lo anterior lo podemos ejemplificar de la siguiente manera:

- Si determinamos en nuestro Plan Operativo que nos tomaría 4 meses para comenzar nuestras operaciones, es conveniente fijar nuestro proceso de seguimiento y evaluación de manera mensual.

- Si señalamos que nos tardaríamos 8 meses en posicionar nuestro producto y/o servicio en el mercado dadas las estrategias planteadas en nuestro plan de mercadotecnia, podríamos hacer una revisión a los cuatro meses.

El establecimiento de las revisiones depende de cada plan, en un principio sugiero que ésta se realice lo más seguido posible (tal vez cada mes) y en función a nuestra adquisición de experiencia y conocimiento de nuestra empresa o negocio y su entorno, así como su funcionamiento, aumentar este período (cada seis o doce meses). Insito, ésto dependerá del propio desenvolvimiento del negocio o empresa y de nuestro propio proceso de aprendizaje.

Al desarrollar este proceso de seguimiento y evaluación de nuestro Plan de Negocios debemos mostrar una actitud completamente objetiva y proactiva. Tenemos que tener claro que lo que estamos haciendo es revisar nuestro Plan de Negocios, lo primero que tenemos que tener en mente es que quien lo elabora (nosotros u otra persona) pudo haberse equivocado al hacer su análisis o al diseñar su estrategia, lo importante es poder identificar estos errores en el momento adecuado, aprender de ellos y corregirlos.

Para lo anterior tenemos que tener muy claro tres puntos:

- dónde planteamos estar en un inicio (punto de partida)
- dónde nos encontramos actualmente (punto de análisis y evaluación).
- qué tenemos que hacer para corregir el camino.

Independientemente de quien lo elabore o el tiempo que le hayamos dedicado a esta acción, debemos comprender que muy difícilmente nuestro Plan de Negocios va a resultar 100 por ciento correcto. Tenemos que considerar siempre un margen de error el cual disminuirá en función a nuestro proceso de investigación y análisis, entre más tiempo hayamos dedicado a investigar y analizar el entorno de negocios al cual nos enfrentaremos, mayor conocimiento del mismo existirá, lo cual se traducirá en menores posibilidades de errores y fallas.

Como se ha mencionado a lo largo de este libro, el Plan de Negocios es una guía que nos va a facilitar el camino, pero como en todo mapa, siempre existen imponderables que muy difícilmente pueden anticiparse o hay aspectos que no pueden ser considerados.

Es por lo anterior que un Plan de Negocios tiene que ser totalmente flexible, debe tener la cualidad de poder ser adaptado a nuestro entorno cambiante. Es muy importante seguirlo, pero más importante aun es el poder identificar errores, omisiones o aspectos no contemplados para corregir el camino en ese momento.

Al identificar errores u omisiones en nuestro Plan de Negocios, debemos corregirlos tanto en acción como en el documento y analizar el impacto que éstas tendrán no sólo en el área de que se trate, sino en el desenvolvimiento de las demás y por ende en su conjunto. Es muy importante actualizar constantemente la información en nuestro Plan de Negocios a fin de mantener documentado y actualizado todo cambio que tenga injerencia en nuestro desempeño diario y mantener con ésto nuestro documento al día a fin de contar con las mayores herramientas para una adecuada toma de decisiones.

Comentarios Finales

E l desarrollar un Plan de Negocios no nos asegura el éxito de nuestra propuesta y/o negocio, el no tenerlo no nos condena al fracaso, simplemente nos permitirá y facilitará una mejor toma de decisiones respaldadas con información, análisis y hechos.

El objetivo de este libro es ayudar al lector a entender la importancia que tiene el Plan de Negocios en la actualidad, no sólo desde la perspectiva de iniciar un negocio, sino dentro de un negocio en operaciones. No busco sustituir ninguna guía de elaboración de Plan de Negocios, más bien pretende ser un complemento que ayude y facilite el uso de estas guías a partir de una mejor comprensión y entendimiento sobre su importancia, contenido y estructura.

Para aquel que desee elaborar su propio Plan de Negocios recomiendo adquirir una guía especializada en este tema (lo cual no es este libro), pero antes dedicarle un tiempo a este libro. Considero que lo anterior le permitirá obtener un mayor provecho de la guía y por ende realizar un mejor Plan de Negocios que no sólo se quede en el papel, sino que lo pueda implementar con un alto grado de certidumbre y posibilidades de éxito.

En el caso de aquellos que deseen contratar los servicios de una empresa para que elabore su Plan de Negocios considero que lo expresado en este libro les permitirá lograr una mayor interacción con la empresa o persona contratada en beneficio directo del propio Plan de Negocios, obteniendo mayor provecho de estos servicios.

Debemos tener muy claro que al final del camino lo que interesa es disminuir los riesgos asociados con la puesta en marcha de un proyecto, llámese empresa, negocio o la incorporación de un nuevo producto y/o servicio al mercado, es de ahí la importancia de contar con la mayor y mejor información posible para una adecuada toma de decisiones, así como un medio que documente toda esta información en forma clara y precisa, lo cual en términos de poner en marcha un proyecto lo engloba el Plan de Negocios.

Printed in the United States
96711LV00006B/516/A